Birgit Westerbusch
Glücksmomente
Lache, Liebe, Lebe

Gewidmet meinen beiden größten Glücksmomenten

Luke und Linda

# BIRGIT WESTERBUSCH

# Glücksmomente

## Lache, Liebe, Lebe

Birgit Westerbusch ist mit Leidenschaft in ihrer Gesundheitspraxis als Therapeutin gegen Allergien und Energielosigkeit tätig. Sie berät Eltern in allen Fragen rund um den Beziehungsalltag mit Kindern, und aus ihrer eigenen Erfahrung kann sie dabei ganz speziell auf Singleeltern eingehen.

Sie lebt mit ihren Kindern in der Nähe von Heilbronn und hat sich mit ihrem Buch – Glücksmomente – einen Traum erfüllt.

Deutschsprachige Erstausgabe Juli 2016
Copyright © 2016 Birgit Westerbusch
Alle Rechte vorbehalten
Nachdruck, auch auszugsweise, nicht gestattet
Covergestaltung und Satz:
Klaud Design - Marie-Katharina Wölk
www.klauddesign.com
Copyright Fotos: © oxanatravel - Bigstockphoto.com,
© donatas1205 - Bigstockphoto.com
1. Auflage
Herstellung und Verlag:
BoD - Books on Demand, Norderstedt
ISBN 978-3-7412-5035-4

# Inhaltsverzeichnis

Vorwort
**7**

Was kostet ein Lächeln?
**10**

Immer positiv denken
**14**

Ändern Sie doch Ihre Einstellung
**20**

Lernen Sie, wieder zu lachen
**24**

Werden Sie ein Philanthrop
**27**

Wissen Sie noch, wie Komplimente gehen?
**30**

Seien Sie freundlich und zuvorkommend
**33**

Arbeiten Sie an Ihrer Ausstrahlung
**35**

Bewusst Zeit für sich nehmen
**38**

Perfektionismus sabotiert Glücksmomente
**42**

Veränderungen
**44**

Sie haben schon so vieles erreicht
**46**

Kennen Sie den S-Faktor?
**49**

Magic Moments
**51**

Wo sind die Glücksmomente versteckt?
**55**

# Vorwort

Glücksmomente kommen und gehen. Wir können sie nicht festhalten oder dauerhaft an uns binden. Das ist gut so, denn sonst hätten wir keine Möglichkeit, die neuen Glücksmomente zu sehen, die überall auf uns warten. Glücksmomente muss man nicht festhalten. Stellen Sie sich vor, Sie haben in jeder Hand einen Glücksmoment. Und was macht der nächste? Der huscht vorbei. Nein, Glücksmomente hält man nicht fest, Glücksmomente genießt man, und Glücksmomente leben in der Erinnerung.

Wir werden so oft in einer Warteschleife geparkt, beim Telefonservice, beim Kundendienst, sollen wir denn jetzt auch beim Glück in der Warteschleife hängen, bis irgendwann mal jemand den Deckel hebt und einen Glückskäfer freilässt?

Dr. von Hirschhausen erklärt es so treffend: „Glück hat, wer ein vierblättriges Kleeblatt findet. Was ist an vier Blättern denn besser als an dreien? Wir erklären bewusst Dinge zu Glücksbringern, die selten vorkommen und meckern dann, wenn wir selten glücklich sind."

Dies ist auch keine Anleitung zum Glück, denn für jeden sieht Glück anders aus. Es gibt kein Patentrezept. Vielmehr soll dieses Buch den Blick ein bisschen schärfen, denn die Glücksmomente sind überall um uns herum und warten nur darauf, entdeckt zu werden.

Glück kann man nicht in ein Raster packen, genauso wenig wie Erfolg. Vielleicht ist Ihr nächster Erfolg ein ganz großer Glücksmoment.

Wir wünschen viel Glück zu einer Prüfung oder zu einem anderen Vorhaben. Aber eine Prüfung hat nichts mit Glück zu tun. Eine Prüfung zeigt, ob wir uns gut vorbereitet haben. Eine nicht bestandene Prüfung hat auch nichts mit Pech zu tun, sondern zeigt uns, dass wir zum Zeitpunkt der Prüfung die Informationen nicht abrufen konnten.

Ein Glücksgefühl ist nicht immer himmelhochjauchzend. Manchmal ist es ganz still in Ihnen und breitet sich aus mit diesem Wohlgefühl und einer tiefen Zufriedenheit.

Ich wünsche Ihnen, dass Sie die Dinge um sich herum ein bisschen mit anderen Augen sehen können, vielleicht auch manchmal durch eine rosarote Brille. Ist doch egal, wenn's hilft.

Glücksmomente gibt es nicht nur im Außen, viele entstehen in uns. Und was genial ist: Einen verschenkten Glücksmoment gibt es nur im Doppelpack, denn machen Sie einen anderen glücklich, und es fällt auf Sie zurück.

Ralph Waldo Emerson hat einen passenden Satz dazu geschrieben: „Glück ist ein Parfüm, das du nicht versprühen kannst, ohne selbst ein paar Tropfen davon abzubekommen."

Viel Vergnügen beim Lesen und Ausprobieren. Sie werden sehen, es ist gar nicht schwer, jeden Tag ein paar Glücksmomente zu finden oder zu verschenken.

*Herzliche Grüße*
*Birgit Westerbusch*

# Was kostet ein Lächeln?

Wussten Sie, dass Sie für einen bösen Gesichtsausdruck 54 Muskeln brauchen, für ein Lächeln aber nur 43?

Das zeigt uns, Lächeln ist weniger anstrengend. Warum tun wir es dann so selten? Sind Sie in letzter Zeit Bahn oder Bus gefahren? Haben Sie sich die Gesichter genauer angeschaut? Jeder schaut vor sich hin, in eine Zeitung oder heutzutage auf das Mobiltelefon. Oft bekommt man nur einen teilnahmslosen Blick, wenn man jemanden anrempelt.

Auch mir geht es so, wenn ich durch die Stadt laufe. Total in Gedanken, schon im nächsten Laden oder bei der Verabredung. Ich achte darauf, niemanden umzurennen, und nehme keinen Kontakt auf. Oft noch nicht einmal Blickkontakt. Wie überraschend kommt es dann, wenn mich jemand im Vorbeigehen anlächelt. Einfach so.

Die erste Reaktion ist? Na klar, ein Lächeln zurück. Vielleicht drehe ich mich auch noch beim Weitergehen um. Was bleibt? Ein gutes Gefühl.

Das waren Sekunden, und die Stimmung hebt sich merklich an. Jetzt will ich es wissen. Wie oft bekomme ich ein Lächeln zurück, wenn ich eins gebe? In die Augen schauen, die Mundwinkel nach oben ziehen und ein bisschen Zähne zeigen. Wenn es dann noch an den Augen kleine Glücksfältchen gibt, kann keiner widerstehen. Und ich muss sagen, es macht Spaß. Es hebt auch meine Laune, Glücksmomente im Doppelpack.

Echt soll es sein, Ihr Lächeln. Das bedeutet, es muss an den Augen ankommen und nicht bei den Mundwinkeln stecken bleiben. Kennen Sie den Ausdruck PAN-AM-Lächeln? Der Begriff wurde durch die Stewardessen geprägt. Immer ein Lächeln auf den Lippen, egal wie es geht, denn das ist ihr Job. Das Lächeln kommt oft gar nicht bei den Augen an. Hier liegt der Unterschied. Und es macht den Unterschied, welche Botschaft Sie mit Ihrem Lächeln versenden.

Probieren Sie es aus. Stellen Sie sich vor den Spiegel und lächeln Sie. Mit und ohne Beteiligung der Glücksfältchen. Na, welches gefällt Ihnen besser?

Schwierige Situationen können durch ein Lächeln entschärft werden. Die Herausforderung bleibt die gleiche, ob Sie Ihre Stirn in Falten legen oder 43 Muskeln unter der Nase bewegen. Was sich ändert, ist Ihre Sichtweise, Ihre Einstellung und eventuell sogar Ihr Lösungsansatz.

Egal in welchem Alter, wer lächelt hat die Sympathie auf seiner Seite. Oder die Macht. Was soll das jetzt heißen, werden Sie sich fragen?

Wenn Sie jemand provoziert und eine Reaktion in Form eines Wutausbruchs sehen will, kommt er völlig aus dem Konzept, wenn Sie einfach nur lächeln. Denn Sie zeigen damit, dass der andere keine Macht über Sie hat, sondern Sie die Situation beherrschen. Es ist wie mit einem Geschenk. Wem gehört das Geschenk, wenn ich es nicht annehme? Natürlich immer noch dem, der es mir geben wollte. So verhält es sich auch mit der Reaktion auf eine Provokation. Reagieren Sie nicht wie gewünscht, sondern machen Sie Ihre eigenen Regeln.

Was kostet denn nun ein Lächeln? Zunächst einmal gar nichts. Manchmal etwas Überwindung, manchmal eine phänomenale Körperbeherrschung, aber meistens huscht es uns von selbst über das Gesicht.

*Ein Lächeln kostet nichts und gibt viel.*
*Es bereichert jene, welche es empfangen,*
*ohne die ärmer zu machen, die es verschenken.*
*Es währt nur einen Augenblick,*
*aber die Erinnerung daran bleibt oft für immer.*
*Niemand ist so reich und mächtig,*
*dass er es nicht gebrauchen könnte.*
*Niemand ist so arm,*
*dass er es nicht geben könnte.*

**Unbekannter Autor**

Seien Sie großzügig und verschenken Sie täglich Glücksmomente durch Ihr einzigartiges Lächeln.

# Immer positiv denken

Bekanntlich gibt es die Pessimisten und die Optimisten. Der Pessimist erwartet immer das Schlimmste, während der Optimist immer erst einmal davon ausgeht, dass sich die Dinge gut entwickeln. Da der Pessimist also oft negativ denkt, entwickelt er auch gegenüber seiner Umgebung eine Abwehrhaltung bis hin zu Aggressionen. Er ist immer etwas schlecht gelaunt, muffelig und kein so angenehmer Zeitgenosse. Wenn er nur wüsste, dass positives Denken viele Dinge auch wirklich ins Gute wendet, dann würde er sich bestimmt ändern.

Mit der Kraft positiver Gedanken meistert man schwierige Situationen viel einfacher. Positives Denken ist deshalb eine Zauberformel für vieles im Leben. Wenn Sie grundsätzlich davon ausgehen, dass Ihnen etwas gelingt, fangen Sie es auch an. Der Pessimist startet erst gar nicht. Das ist der feine Unterschied. Deshalb verpasst er auch viele angenehme Begegnungen und positive Erfolge. Er verschließt sich der schönen Welt.

Fangen Sie also an, den Dingen in Ihrem Leben etwas Gutes abzugewinnen. Denken Sie nicht immer gleich schlecht über Ihre Mitmenschen. Vielleicht hat Ihr Nachbar nur einen unangenehmen Tag erwischt, oder Ihr Arbeitskollege ist krank und deshalb ungehalten. Nehmen Sie vor allem die Kritik nicht persönlich. Werden wir von

Menschen hart attackiert, hat das zu 99 Prozent nichts mit uns zu tun. Wir sind nur das Ventil, und dem anderen ist das oft gar nicht bewusst. Wollen wir die Situation entschärfen, können wir zum Beispiel sagen: „Ich verstehe das nicht ganz, worum geht es jetzt genau?" So bringen Sie andere dazu, über das Gesagte nachzudenken. Das ist nicht leicht und will geübt sein, denn wenn uns jemand aus unserer Sicht unberechtigte Vorwürfe macht, gehen wir erst mal auf Abwehrhaltung. Gedanken wie „Was bildet der sich ein?" sind da sofort ganz oben auf dem Schirm. Es wird uns sicher auch nicht immer gelingen. Fangen Sie doch innerhalb der Familie an. So können Sie manchem Streit aus dem Weg gehen und ins Gespräch kommen. Aus so einer Situation heraus erfahren Sie Dinge von Ihrem Gegenüber, die sonst unausgesprochen geblieben wären.

Vor allem, wenn sich ein solches Gespräch ergibt, dann setzen Sie alles daran, sich in diesem Moment Zeit zu nehmen. Für Ihren Gesprächspartner ist genau jetzt die Stimmung passend, dass er oder sie darüber reden kann. Lassen Sie diesen Moment verstreichen, weil Sie gerade anderes im Kopf oder keine Lust haben, wird der Moment vielleicht nie mehr zurückkommen. Fragen Sie später nach, bekommen Sie zur Antwort: „Geht schon wieder, alles okay."

Wenn Sie Kinder haben, sind das sehr kostbare Minuten. Denn vor allem Teenager müssen in der Laune sein zu erzählen. Dies zu nutzen und zuzuhören, öffnet Ihnen ein Stück weit ein Türchen zur „anderen" Welt. Sie kennen das sicher auch noch aus Ihrer Jugend. Mit Eltern zu reden, gehörte damals nicht zu den Lieblingsbeschäftigungen.

Deshalb greifen Sie zu, wenn Sie einen solchen Glücksmoment geschenkt bekommen. Sie werden sehr schnell spüren, dass das sehr positive Auswirkungen auf das Verhältnis zu Ihrer Tochter oder Ihrem Sohn hat. Sie vermitteln dadurch: „Ich nehme dich wahr und du bist mir wichtig."

So können Sie positives Denken auf ganz verschiedenen Ebenen einsetzen. Und positives Denken kann Berge versetzen, ja Sie können damit abnehmen, Ihren Traummann oder Ihre Traumfrau erobern, Erfolg im Job haben und auch reich werden. Glauben Sie nur fest genug daran. Wobei „nur" positives Denken natürlich nicht ausreicht. Sie sollten schon auch etwas tun, damit es in die gewünschte Richtung weitergeht. Positives Denken bringt Ihnen die richtige Energie.

Vielleicht gelingt es Ihnen nicht gleich wie der amerikanischen Erfolgsautorin, die zeitweise auch in Deutschland auf den Bestsellerlisten stand. Mit ihrem millionenfach in zig Sprachen veröffentlichten Buch „The Secret" hat sie verzweifelten Menschen Mut gemacht und ihnen einen anderen Blick aufs Leben beigebracht. Daraus produzierte sie sogar einen Film: „The Secret – Das Geheimnis".

Rhonda Byrne stand selbst am Abgrund. Sie hatte hart gearbeitet und gekämpft, um zu überleben. Viele Steine hatte sie ständig aus dem Weg räumen müssen, bis sie die Probleme in die Knie zwangen: Beziehungen, Gesundheit, Karriere und Finanzen waren total verfahren – der Supergau kam immer näher. Sie sprach mit ihrer Tochter darüber, die ein Buch hervorkramte, das die Schriftstellerin dann in 90 Minuten verschlang:

„The Science of Getting Rich" von Wallace D. Wattles – „Die Wissenschaft des Reichwerdens". Wie Schuppen fiel es ihr von den Augen. Sie erkannte mit einem Mal, was sie in ihrem bisherigen Leben falsch gemacht hatte – und alles drehte sich darum, die Dinge aus einem anderen Blickwinkel zu sehen, positiver also. Nur die wenigsten haben dieses Prinzip begriffen, deshalb machte sich die amerikanische Autorin daran, diese Erleuchtung, Einsicht und Veränderung in ihrem Leben millionenfach weiterzugeben.

Ein Beispiel: Sie fahren auf das Ende eines Staus zu und Ihr Adrenalin steigt. Sie haben einen wichtigen Termin und werden es wohl nicht rechtzeitig schaffen.
Jetzt haben Sie zwei Möglichkeiten. Sie können sich tierisch aufregen, innerlich ein wahres Hupkonzert loslassen und schimpfen wie ein Rohrspatz. Sie können sich aber auch gelassen zurücklehnen, einen Anruf tätigen, dass Sie später kommen, und eine neue CD einlegen.

Für mich stellt sich in so einer Situation immer die Frage: Kann ich es mit den mir zur Verfügung stehenden Mitteln jetzt ändern? Lautet die Antwort Ja, dann handle ich. Ist die Antwort Nein, wozu dann der ganze Stress? Ich habe lange gebraucht, um das zu verinnerlichen, mittlerweile bin ich sehr dankbar, dass mir diese Gelassenheit zur Verfügung steht. Stehe ich tatsächlich im Stau nutze ich die Zeit, um eventuell ein Gespräch noch mal im Kopf durchzugehen. Oft hole ich eine CD aus meinem Fundus und bilde mich weiter.
Je nachdem, wie wir die Dinge sehen, können sie uns nutzen oder schaden. Ich weiß, es

bedarf einiger Übung, aber glauben Sie mir, es lohnt sich. Vor allem haben Sie, wenn Sie dann endlich bei Ihrem Termin ankommen, jede Menge positive Energie zur Verfügung, um ein gutes Gespräch zu führen, anstatt in den negativen Gedanken festzuhängen.

Je häufiger Sie diese positive Energie haben, und je fester Sie an etwas glauben, umso eher wird es Realität. Erfolgreiche Athleten, Unternehmer, Autoren, Architekten – egal, welchen Bereich Sie wählen, alle haben eins gemeinsam. Ob Sie den Tisch nehmen, an dem Sie sitzen, das Buch, das Sie jetzt gerade lesen oder die Tasse Kaffee, die Sie in der Hand halten, alles war zuerst ein Gedanke. Wenn Sie an einem leeren Grundstück vorbeifahren, sehen Sie nur eine grüne Wiese. Der Architekt sieht dort ein fertiges Haus stehen. Um es Realität werden zu lassen, wird er es zeichnen, Bauunternehmer beauftragen und es Schritt für Schritt fertigstellen. Er setzt seine Idee in die Tat um.

Einer der größten Fehler, den Sie machen können, ist, zu viel auf einmal erreichen zu wollen oder gar sofort beim Dach anzufangen, ohne ein Fundament zu legen. Jedes erreichte Teilziel motiviert Sie zu neuen Kraftakten. Belohnen Sie sich für jeden kleinen Erfolg: mit einem Kinobesuch, einem neuen Pulli, einem Buch. Ihrer Fantasie sind da keine Grenzen gesetzt. Sie können nicht von heute auf morgen vom Laiendarsteller zum Hollywoodschauspieler werden. Das braucht Zeit. Sie haben leider nicht den Boosterknopf, mit dem Sie sich sofort nach oben katapultieren können.

Sie brauchen täglich über 50 Prozent an positiven Gedanken. Achten Sie darauf, und vergewissern Sie sich jeden Abend, ob Ihr Positiv-Haushalt noch stimmt. Steuern

Sie schnell gegen, wenn das Pendel über die Hälfte zum Negativen hin ausschlägt. Bleiben Sie also immer im grünen Bereich.

Noch eines zum Thema Motivation:
Wussten Sie, dass unser Gehirn spätestens nach 72 Stunden wieder ein Erfolgserlebnis braucht, damit Sie bei der Stange bleiben? Es ist also nicht nur wichtig, dass Sie Ihre Erfolge feiern, damit das in Ihrem Kopf ankommt. Sie sollten auch darauf achten, dass Sie kleine, regelmäßige Erfolge erreichen können. Wenn Sie ein Projekt planen, dann legen Sie Ihre Teilabschnitte so, dass Sie spätestens nach drei Tagen eines beendet haben. Machen Sie das Ganze jetzt auch noch schriftlich, steht dem Erfolg und den zukünftigen positiven Gedanken nichts mehr im Weg.

Dabei ist es egal, ob Sie dies beruflich oder privat nutzen wollen. Private Projekte, wie zum Beispiel die Wohnung zu renovieren, endlich mal die Schränke auszuräumen oder etwas basteln, nähen, schreiben, lesen, handwerkeln, reparieren, können Sie mit dieser Methode genauso in Erfolgserlebnisse und damit in Glücksmomente verwandeln. Selbst wenn Sie nicht alles an einem Tag schaffen, machen Sie innerhalb von 72 Stunden weiter, auch mit einer klitzekleinen Sache, und Sie werden dranbleiben.

Für die Chefs unter den Lesern: Das Gleiche gilt für Ihre Mitarbeiter. Wenn Sie Ihnen immer innerhalb von 72 Stunden die Möglichkeit für einen Teilerfolg oder Abschluss einer Sache schaffen, dann haben Sie keine Probleme mehr mit der Motivation. Positive Gedanken und Glücksgefühle verselbstständigen sich.

# Ändern Sie doch Ihre innere Einstellung

Haben Sie das auch schon gehört: „Entscheidend ist, dass man seine innere Einstellung ändert." Dazu muss man erst mal Bestandsaufnahme machen:
Was mache ich? Was funktioniert? Was funktioniert nicht?

Wollen Sie mehr Glücksmomente in Ihrem Leben haben, dann ist es an der Zeit, Dinge, die nicht funktionieren, zu ersetzen.
Was hat das mit der inneren Einstellung zu tun, fragen Sie jetzt? Wenn Sie Ihr Leben so betrachten, welche Bereiche würden Sie gern weiter ausbauen? Die Dinge, die Ihnen nicht gefallen, haben Sie vielleicht erst in die Lage versetzt, zu wissen, was Sie wollen. Das bedeutet, nichts passiert umsonst in Ihrem Leben.

Sehr hilfreich ist es, die schlechten Erfahrungen aus der Perspektive des Lerneffekts zu betrachten. „Warum passiert ausgerechnet mir das?" ist nicht die richtige Frage in diesem Moment. Viel besser für Ihr Selbstbewusstsein und Ihren Erfolg ist die Frage: „Was soll ich aus dieser Erfahrung lernen?", bzw.: „Wofür brauche ich diese Erfahrung?"

Bedenken Sie, Ihre ganzen Erfahrungen in Ihrem bisherigen Leben haben Sie zu dem einzigartigen Menschen gemacht, der Sie sind. Ändern Sie Ihre Einstellung zu Ihrer Vergangenheit. Nehmen Sie sich einen Augenblick, und erinnern Sie sich an verschiedene Wendepunkte in Ihrem Leben. Sicher gab es die eine oder andere Situation, auf die Sie damals gern verzichtet hätten. Jetzt im Rückblick kommt Ihnen vielleicht die Erkenntnis, dass Ihnen gar nichts Besseres hätte passieren können als genau dieses Erlebnis. Sei es, dass Sie Ihren Job verloren haben, dass Sie jede Menge Geld in den Sand gesetzt haben, Ihr Partner, Ihre Partnerin Sie verlassen hat oder, oder, oder. Schauen Sie genau hin, und Sie werden feststellen, dass diese Schlüsselerlebnisse Sie dahin gebracht haben, wo Sie heute stehen. Vielleicht sind Sie noch nicht da, wo Sie hinwollen. Dann schauen Sie, wie Sie Ihre Erfahrungen für die Zukunft nutzen können.

Egal, wie Sie es drehen und wenden, wenn Sie mit positiven Gedanken Ihr Leben betrachten, werden Sie erstaunt sein, was es für Sie bereithält.
Natürlich sind diese positiven Aspekte oft etwas versteckt und, wenn Sie in diesem Prozess drinstecken, schwer zu finden. Seien Sie sicher, der Natur ist daran gelegen, dass Sie wachsen. Was nicht wächst, welkt und stirbt.

Ein Beispiel: Sie sind in einem Meeting und Sie bekommen für Ihre Ideen und Vorschläge nicht die Aufmerksamkeit, die sie verdienen. Sie haben jetzt zwei Möglichkeiten:
Erstens: Sie reden sich ein, dass Ihre Ausarbeitung nicht gut genug ist, dass die anderen viel besser sind, dass es schon seinen Grund hat, warum Sie nicht befördert werden oder den Auftrag nicht an Land ziehen.

Zweitens: Sie lassen das Meeting Revue passieren. Warum kamen Ihre Einwände nicht zum Ziel? An welcher Stelle war Ihre Präsentation noch nicht stimmig? Wo hätten Sie sich mehr Gehör verschaffen müssen? Lernen Sie aus der Situation und setzen Sie alles daran, beim nächsten Mal top vorbereitet zu sein. Gehen Sie die Gespräche im Kopf wieder und wieder durch und treten Sie mit sich selbst in einen Dialog. Möglichst laut ausgesprochen, beim Autofahren oder vor dem Spiegel zu Hause. Haben Sie die möglichen Gegenargumente erst einmal formuliert und vor allem an sich selbst schon einmal präsentiert, hat Ihr Gehirn eine Schublade, die es beim nächsten Meeting aufziehen kann.

Das gilt nicht nur für Geschäftstermine. Sie können das auch praktizieren, wenn Sie ein wichtiges oder manchmal auch unangenehmes Gespräch mit Familienmitgliedern, in der Schule, bei der Bank oder sonst wo haben.
Es ist nicht so, dass die ganze Welt gegen Sie ist, verändern Sie Ihren Blickwinkel und seien Sie offen für die Impulse, die Ihnen überall geboten werden.

Ein anderes Beispiel: Sie haben einen Nachbarn, der immer nur unfreundlich ist und über alles meckert. Von einer anderen Nachbarin erfahren Sie, dass er seit Jahren mit einer Krankheit zu kämpfen hat. Plötzlich erscheint Ihnen die Person in einem anderen Licht. Sie sehen ihn mit anderen Augen und begegnen ihm nun verständnisvoller, besänftigen seine Gedanken, zaubern vielleicht sogar ein Lächeln in sein Gesicht.

Noch ein Beispiel? Sie haben kleine Kinder und ärgern sich immer wieder, dass das

Waschbecken nach dem Zähneputzen total mit Zahnpasta verklebt ist? Das zeigt Ihnen eindeutig, dass die Kinder die Zähne überhaupt geputzt haben. Ist doch klasse, dass Ihre Erziehung so toll funktioniert.

Ändern Sie Ihre Einstellung, und es geht vieles leichter im Leben.

Mit den Worten eines unbekannten Autors:
Ärgere dich nicht, wenn dir ein Vogel auf den Kopf kackt, sondern freue dich, dass Elefanten nicht fliegen können.

# Lernen Sie wieder zu lachen

Wissen Sie noch, wie das geht? Schauen Sie in die Gesichter der Menschen. Da finden Sie oft kaum ein Lächeln, geschweige denn ein Lachen.

„Lachen ist ansteckend wie Gähnen", sagt Vera F. Birkenbihl, und sie hat recht. Geben Sie mal in YouTube „Lachen in U-Bahn" ein, und Sie finden jede Menge Beispiele. Vielleicht ist es Ihnen auch selbst schon mal so gegangen, dass Sie einfach mitlachen mussten, obwohl Sie gar nicht wussten, worum es geht.

Vera F. Birkenbihl sagt auch, wenn wir unsere Humorfähigkeit steigern, stärken wir unser Immunsystem und stabilisieren damit unsere Gefühlswelt. Wissenschaftler haben schon lange herausgefunden, dass glückliche Menschen gesünder leben. Denken Sie doch nur einmal an die Zeit, als Sie so richtig verliebt waren. Konnte Ihnen da die Welt etwas anhaben? Und das ist unabhängig davon, ob Sie 15, 20, 40, 60 oder 80 sind. Glückshormone beflügeln noch besser als ein Energydrink.

Was immer wir tun, muten wir anderen zu. Sind wir mies drauf und ecken deshalb überall an, braucht es uns nicht zu wundern, dass wir genau diese Stimmung zurückbekommen. Die Welt ist unser Spiegel.

Jedes Mal, wenn Sie sich amüsieren, kommen Sie stimmungsmäßig ein paar Punkte nach oben. Es muss nicht immer das laute Lachen sein.

Wenn wir Harmonie erzeugen, bekommen wir eine enorme Energieverdichtung. Tausend Menschen gehen über eine Brücke, das ist kein Problem. Gehen diese tausend Menschen aber im Gleichschritt, kann die Brücke Schaden nehmen und im schlimmsten Fall sogar einstürzen. Warum also nicht zum Beispiel in Ihrem Unternehmen so eine Energieverdichtung durch gute Laune erzeugen?

Aus dem Buch „Management by fun" von Matt Weinstein stammt folgendes Beispiel, wie Sie das in die Tat umsetzen können:

Verleihen Sie doch mal einen Blumenstrauß.
Jeder im Büro bekommt ihn eine halbe Stunde auf den Schreibtisch gestellt und muss ihn dann weitergeben. Jeder hat seine Freude daran. Und mal ganz ehrlich, nach einer halben Stunde schauen Sie sowieso nicht mehr hin.
Ob das mit einer Schachtel Pralinen auch funktioniert?

Schauen Sie sich einen lustigen Film oder Comedys an. Wobei ich festgestellt habe, dass das Mitlachen am Fernseher nicht so wirklich überschwappt. Wenn ich live im Kino oder der Comedy Show bin, dann wirkt wieder das Prinzip der Ansteckung. Das wäre doch auch gleich eine Belohnung für einen Erfolg, den es zu feiern gibt.

Oft habe ich das Gefühl, dass wir uns gar nicht mehr trauen, in der Öffentlichkeit laut zu lachen. Was denken denn die anderen? Diese verrückten Hühner. Ich finde es immer erfrischend, wenn ich in einer Kneipe oder irgendwo sonst Menschen herzhaft lachen sehe. Da freu ich mich innerlich mit und denke: Denen geht's richtig gut. Also trauen Sie sich, lachen Sie laut. Sie werden sehen, mit ein bisschen Übung überwiegt der positive Effekt die komischen Blicke der anderen.

# Werden Sie ein Philanthrop

Schenken Sie jedem Menschen maximale Aufmerksamkeit.
Das können Sie nur, wenn Sie sich selbst nicht so wichtig nehmen. Der andere steht im Mittelpunkt. Verändern Sie auch hier Ihre Sichtweise.

Wie fühlen Sie sich, wenn Sie mit jemandem ein Gespräch beginnen, und der nebenbei den Fernseher laufen hat oder Nachrichten übers Handy verschickt? Wenn Sie ein Problem haben, und Ihr Gegenüber nach zwei Sätzen schon eine Lösung hat, obwohl er/sie gar nicht genau weiß, um was es geht? Oder wenn Sie etwas erzählen und der/die andere nach drei Minuten von ihren eigenen Problemen anfängt?

Fühlen Sie sich da auch so nebenbei abgehakt? Mir geht es auf jeden Fall so, und da merke ich, dass es mir wichtig ist, ab und zu ungeteilte Aufmerksamkeit zu bekommen. Oft habe ich selbst die Tendenz, dass ich bei Gesprächen nebenbei Sachen mache, die nicht meine volle Aufmerksamkeit brauchen, statt mich hinzusetzen und „nur" zuzuhören. Aktiv zuhören. Das bedeutet, Fragen aus Interesse zu stellen, um den anderen zum Nachdenken anzuregen, und für sich selbst, um zu verstehen, was der andere meint.

Seine eigene Meinung hintanstellen, nicht sofort mit einer Lösung kommen. Durch Fragen dem Gegenüber ermöglichen, selbst eine Lösung zu finden. Warum-Fragen sind da wenig hilfreich, denn das ergibt eine unendliche Kette. Warum passiert immer mir das? Warum hast du dies getan und dies nicht gemacht? Warum kann ich das nicht? Warum habe ich nicht genügend Geld, Selbstbewusstsein, Ideen, Durchhaltevermögen…? Sie sehen, mit diesen Fragen kommt man nicht weiter.

Besser ist es Wie-Fragen zu stellen. Wie hast du dich gefühlt? Wie kannst du dir vorstellen, dass es weitergeht? Wie wäre dein Wunschergebnis? Aus diesen Wie-Fragen kann sich eine ganz individuelle Lösung ergeben, die beide vorher überhaupt nicht gesehen haben.

Wenn Sie selbst einen Vorschlag zur Lösung machen möchten, fragen Sie um Erlaubnis! „Darf ich dir sagen, wie ich das machen würde?" Oft stülpen wir dem anderen etwas über, das für ihn gar nicht passend ist, weil er zwar in einer ähnlichen, aber eben nicht der gleichen Situation ist wie wir.

Merken Sie etwas? Ihr Blick verändert sich kolossal. Weg von dem Ich-Bezogenen hin zu dem anderen. Machen Sie sich mehr Gedanken darüber, wie der andere empfindet, wie ihn Ihr Handeln vielleicht sogar beeinträchtigt. Wissen Sie, wie man das nennt? Respekt! Nur so können Sie jedem Menschen ein Maximum an Aufmerksamkeit schenken.

Das funktioniert besonders gut bei Kindern. Vor allem jüngere Kinder bis zehn oder zwölf Jahre sind es oft nicht gewohnt, dass sie nach ihrer Meinung gefragt werden und dass wir ihnen tatsächlich die volle Aufmerksamkeit geben. Das wird Ihr Verhältnis sehr positiv beeinflussen.

Zaubern Sie Glücksmomente durch Zuhören und ungeteilte Aufmerksamkeit herbei. Denken Sie daran, einen Glücksmoment, den Sie jemandem schenken, gibt es nur im Doppelpack, er kommt zu Ihnen zurück.

Ach ja, ein Philanthrop ist ein Menschenfreund, hätten Sie's gewusst?

# Wissen Sie noch, wie Komplimente gehen?

Sie kommen aus einer Boutique, und plötzlich sagt Ihnen jemand: „Tolle Frisur, steht Ihnen richtig gut."
Sie sind auf einer Party, ein Gast sagt Ihnen ganz spontan: „Das sind ja mal klasse Schuhe. (Auch Männer können tolle Schuhe tragen!)
Wie fühlen Sie sich in diesem Moment? Geht da nicht so ein Glücksmoment durch Ihren Körper?

Wann haben Sie zum letzten Mal jemandem gesagt, dass er eine tolle Figur hat, dass Ihnen seine Argumente wirklich gefallen haben oder dass Ihnen jetzt erst auffällt, wie gut der andere in irgendetwas ist?

Komplimente sind das Salz im Alltag. Sie machen im Nu gute Laune und wirken sich dadurch positiv auf unser weiteres Handeln aus.
Wichtig dabei ist allerdings, dass Sie ehrliche Komplimente machen. Einen Schleimer findet keiner toll. Schleimen hat oft die gegenteilige Wirkung im Vergleich zu einem Kompliment. Zaubern Sie ein Lächeln in das Gesicht des anderen und bauen Sie ihn auf. Manchmal kommen Sie durch ein ehrliches Kompliment erst mit jemandem ins Gespräch. Das eröffnet ganz neue Möglichkeiten der Kontaktaufnahme, finden Sie nicht? Und schon haben Sie wieder einen Glücksmoment verschenkt.

Ich mache das häufiger beim Einkaufen. Die Kassiererin hat toll maniküre Fingernägel, warum ihr das nicht sagen? Die Bedienung hat sich richtig Mühe gegeben, und Sie haben sich sehr wohl gefühlt. Sagen Sie ihr das doch, bevor Sie bezahlen. Es kostet Sie nichts, aber Sie motivieren und sind das Sahnehäubchen, wenn sonst nur Miesepeter dort einkaufen. Was glauben Sie, was passiert, wenn Sie dort wieder einkaufen? Wenn Sie sich dann noch den Namen merken können, glauben Sie nicht, Sie sind beim nächsten Mal die Königin oder der König?
In solchen Fällen gehe ich immer von mir selbst aus. Was würde meinen Tag retten, wenn ich acht Stunden in diesem Neonlicht stehen und Klamotten sortieren müsste?

Sollten Sie mal eine mürrische Verkäuferin antreffen, dann überraschen Sie doch einfach. Ignorieren Sie die negative Ausstrahlung und machen Sie ein Kompliment. „Danke, dass Sie sich so viel Mühe geben." Etwas in dieser Art, passend zur Situation. Wir wissen nie, was dieser Person heute schon passiert ist. Vielleicht ist ihr an der Ampel einer hinten reingefahren. Vielleicht hat der Sohn ihr mitgeteilt, dass er keine Lust mehr hat zu studieren. Oder ein nahestehender Mensch ist schwer erkrankt. Wir wissen es nicht, allein unsere Reaktion darauf können wir ändern.

Und wenn wir uns mal ehrlich selbst betrachten, ist uns das auch schon passiert. Wir haben, aus welchem Grund auch immer, schlechte Laune, oder haben ein Problem zu lösen, und dann kommt jemand und stellt eine Frage, die wir gerade überhaupt nicht gebrauchen können. Die Antwort fällt viel zu barsch aus und ist wenig konstruktiv. Erst viel später fällt uns auf, dass wir auf dem falschen Fuß erwischt worden sind. Eine Entschuldigung im Nachhinein kann die Beziehung nachhaltig verbessern. Wenn diese dann noch in ein Kompliment verpackt ist, bauen Sie den anderen gleichzeitig noch auf. Zum Beispiel: „Du hattest mit deiner Frage vorhin eine gute Idee. Entschuldige, ich war gedanklich in etwas ganz anderes vertieft. Wie war das noch mal?"

Verschenken Sie ein Kompliment und damit einen Glücksmoment, das Strahlen in den Augen des Gegenübers macht auch Ihren Tag schöner.

# Seien Sie freundlich und zuvorkommend

Ist es wirklich so schwer, freundlich zu sein? Nun gut, wer es nie gelernt hat und immer nur unfreundlich dahergekommen ist, muss sich umstellen und lernen, wieder freundlich zu sein. Aber im Prinzip geht das doch relativ einfach. Stellen Sie sich vor den Spiegel und lächeln Sie. Schauen Sie sich Ihr Gesicht an und nehmen wahr, wie schön ein lächelndes Gesicht aussieht, und wie sympathisch Sie dann wirken. Damit beginnt die Freundlichkeit. Denn ein freundlicher Mensch mit grimmigem Gesicht überzeugt nicht wirklich.

Und dann überlegen Sie sich, wie viele Situationen es in Ihrem Leben gibt, in denen Sie Freundlichkeit in die Tat umsetzen können: beim Nachbarn, bei der Verkäuferin, die immer nett zu Ihnen ist; bei Arbeitskollegen, Geschäftspartnern, Freunden und Bekannten sowie Verwandten: Nehmen Sie die Menschen, so wie sie sind. Akzeptieren Sie deren Eigenarten, und seien Sie einfach nur nett.

Ein Small Talk, Aufmerksamkeit, ein Gruß, ein Handschlag, vielleicht auch mal die Tür aufhalten und den anderen vorgehen lassen. Wir belächeln öfter Menschen der „alten Schule", und dabei ist es eine Art der Höflichkeit. Es bricht uns kein Zacken aus der Krone, wenn wir bewusst den anderen etwas „hofieren". Natürlich nicht übertrieben, wohldosiert, dass wir uns selbst auch wohlfühlen würden, wenn ein anderer das für uns täte.

Die Tür aufhalten, einen Kaffee mitbringen oder Dinge, die wir versprochen haben, schon vor der Zeit erledigen, einen Zeitungsartikel ausschneiden, ein Lob aussprechen, Anerkennung geben, Kleinigkeiten, die einen großen Unterschied machen.
Sie werden sich fragen: Was hat das jetzt mit meinem Glücksmoment zu tun? Vordergründig nicht so viel. Sehen wir diese Höflichkeiten als Saatkörner für die Zukunft, können daraus ganz viele Glücksmomente entstehen. Lassen Sie sich überraschen.

Wir sind sehr darauf trainiert, dass einer Leistung sofort eine Gegenleistung folgen muss. Die kleinen Höflichkeiten des Alltags brauchen keine Gegenleistung, und Sie werden sehen, es macht richtig Spaß. Vor allem, wenn so mancher mit einem erstaunten Blick reagiert. Ihr Vorteil: Sie fühlen sich langfristig gut und verbreiten jede Menge positive Energie.

# Arbeiten Sie an Ihrer Ausstrahlung

Es gibt Menschen, deren Persönlichkeit füllt sofort den ganzen Raum. Schon wenn sie ihn betreten, ändert sich die Energie. Diese Menschen stehen nie alleine rum und halten sich an ihrem Glas fest. Diese Menschen haben das gewisse Etwas oder einfach Glück.

Weit gefehlt. Wie hart zum Beispiel Promis an ihrem Image arbeiten, können wir jeden Tag in der Presse lesen. Das ist hier aber auch gar nicht der Punkt.

Fakt ist: Fühlen Sie sich wohl in Ihrer Haut, haben Sie eine ganz andere Ausstrahlung. Was hat das mit Glücksmomenten zu tun? Warten Sie's ab.

Wie ist das mit Ihrer Kleidung, die Sie tragen? Kaufen Sie ein nach dem Motto: Passt, wackelt und hat Luft, der Preis stimmt auch? Oder haben Sie Ihren eigenen Style und wissen, was Ihnen steht? Kleidung ist die „Haut", die unser Gegenüber sieht, zum Großteil zumindest. Außer es ist Sommer und Sie stehen im Bikini oder der Badehose vor ihm.

Das richtige Outfit kann so viel mehr als die Nacktheit verdecken. Wenn Sie das Gefühl haben, das, was Sie tragen, passt zu Ihnen und Ihrer Persönlichkeit, dann ist das schon die halbe Miete für eine anziehende Ausstrahlung. Haare, Fingernägel, Make-up gehören da genauso dazu, auch bei den Männern (ohne Make-up vielleicht).

Es gibt keine zweite Chance für den ersten Eindruck.

Wissen Sie, warum die ganzen Stars so weiße Zähne haben? Es macht sympathisch. Das heißt jetzt nicht, dass Sie Ihre Zähne bleachen müssen, achten Sie darauf, dass sie gut aussehen.
Das Ganze jetzt bitte nicht nur im Büro oder beim Weggehen. Ich habe festgestellt, wenn ich mir zu Hause auch mehr Mühe gebe und nicht immer in Jogginghose und Schlabbershirt rumlaufe, was man durchaus mal tun kann, dann hebt das meine Laune ganz enorm, wenn ich am Spiegel vorbeikomme.

Eine tolle Ausstrahlung kommt natürlich auch von Innen. Sind Sie mit Ihrer Figur zufrieden? Ist Ihre Haut richtig gut aussehend oder eher blass und fahl? Haben Sie Ringe unter den Augen und fühlen sich ständig müde und schlapp? Dann können Sie sich wirklich sehr anstrengen, allerdings sieht Natürlichkeit anders aus. Und das ist eines der Geheimnisse der Ausstrahlung. Wer schon morgens beim Aufstehen die Lustlosigkeit in Person ist, braucht sich nicht wundern, wenn ihn die Leidenschaft am Tag nicht findet.

Haben Sie ständig ein Schlafdefizit, ist Ihre Ernährung ausbaufähig, könnte Ihre Bewegung auch außerhalb von vier Wänden stattfinden? Das sind die Stellschrauben, die Ihnen zu mehr Energie verhelfen.

Strahlen von Innen ist die zweite Hälfte der Miete und fertig ist diese einzigartige Wahnsinnsausstrahlung, die den Raum füllt, sobald Sie ihn betreten.

Das zaubert einen Glücksmoment, wenn Sie eine Tür öffnen und Ihnen die Sympathien der Anwesenden nur so entgegenfliegen.

# Bewusst Zeit für sich nehmen

Glücksmomente sind nicht immer himmelhoch jauchzend, manchmal ist es das wohlige Gefühl der Zufriedenheit. Schaffen Sie sich auch diese Momente, indem Sie ein Date mit sich selbst arrangieren. Nehmen Sie sich bewusst Zeit für sich.

Das können das neue Buch und eine Tasse Tee oder ein Glas Wein sein. Ein Spaziergang mit dem Hund oder alleine. Die Seele baumeln lassen und wirklich nichts tun. Nur so können Sie den Stresslevel runterfahren. Das ist für unsere Leistungsfähigkeit und unsere Gesundheit extrem wichtig. Wenn Sie sich zurücklehnen und denken: „Oh ja, tut das gut", dann haben Sie einen Glücksmoment. Das haben Sie noch gar nicht so empfunden? Ihr Körper schon.

Es ist wissenschaftlich erwiesen: Gönnen wir unserem Körper in regelmäßigen Abständen eine richtige Pause, haben wir in dieser Zeit die kreativsten Ideen, da unser Gehirn dann die neu gebauten Verbindungen zusammenbringen kann. Durch regelmäßige Pausen sind wir weniger anfällig für Krankheiten, fahren nicht so schnell aus der Haut und sind viel angenehmere Zeitgenossen.

Natürlich können Sie diese Auszeiten auch zu zweit genießen, keine Frage. Wichtig ist, dass Sie loslassen. Am besten Telefone aus, kein Internet und wenn es nur für zwei, drei Stunden ist. Sie können selbstverständlich auch erst mal mit einer Stunde anfangen um sich daran zu gewöhnen.

Ihr ganzes Umfeld reflektiert Ihren Zustand, ist Ihnen das schon aufgefallen?

Haben Sie Stress, kommt noch mehr dazu, oder es gehen diverse Dinge schief. Sind Sie total genervt und bringen das verbal zum Ausdruck, reagiert Ihr Gesprächspartner oft mit der gleichen Haltung, und ein gewinnbringendes Gespräch wird schwierig. Sind Sie zu Hause mies drauf, weil es in der Firma gerade so stressig ist, natürlich wieder Stau auf dem Heimweg war und der Laden um die Ecke grade zugemacht hat, als Sie ankamen, wundern Sie sich nicht, wenn Ihnen die gleiche Welle entgegenschlägt.

Haben Sie schon einmal etwas von Gedankenhygiene gehört? Täglich kümmern wir uns um den äußeren Körper. Wir duschen, putzen Zähne und pflegen uns. Wie sieht es aber mit Ihrem Geist aus? Pflegen Sie den auch täglich? Dass Körper und Geist eine Einheit bilden, ist bekannt. Weniger geläufig ist allerdings, dass wir uns auch um unseren Geist kümmern sollten. Nicht nur in Form von Input – Bücher lesen, fernsehen, Gespräche. Sondern auch, indem Sie sich fragen: Wie gehe ich mit mir selbst um? Was denke ich? Was denke ich vor allem über mich?

„Auf Dauer nimmt die Seele die Farbe der Gedanken an", sagte schon der römische Kaiser Marc Aurel.

Ich ertappe mich ab und zu dabei, wie ich sehr hart mit mir ins Gericht gehe, vor allem, wenn etwas schiefgegangen ist. Diesen inneren Dialog, bei dem man sich beschimpft und niedermacht, kennen Sie bestimmt.
„Das ist doch klar, das kann ja wieder nur dir passieren. Hättest du nicht besser aufpassen können? Wie blöd muss man sein?" Und so weiter und so weiter. Dieser Dialog mit der inneren Stimme kann einen so richtig fertigmachen. Da fühlt man sich anschließend manchmal wie ein Versager oder ein kleines Kind.
Haben Sie sich schon einmal gefragt, woher diese kleine Stimme kommt? Wer da zu Ihnen spricht? Und vor allem, warum sie immer dann auftaucht, wenn wir sie nicht gebrauchen können? Wenn Sie jetzt behaupten, Sie haben keine, dann schummeln Sie. Jeder hat sie. Eine hört sich an wie meine Mutter, eine andere wie mein früherer Lehrer oder eine Freundin. Manchmal kommt da ein richtiger Dialog zustande. Haben Sie schon mal mit sich selbst gesprochen? Mit wem unterhalten Sie sich da?

Das sind Ihre ganzen Erfahrungen, Eindrücke und Ratschläge, die sie in Ihrem bisherigen Leben gesammelt haben. Diese Erinnerungen werden in Ihrem Unterbewusstsein gespeichert und sind sofort zur Stelle, wenn eine ähnliche Situation auftritt. Dann bekommen Sie Tipps und Strategien, die zu den damaligen Ereignissen gepasst haben oder die das Resultat aus Ihren Entscheidungen waren. Ob das heute passend ist spielt dabei keine Rolle. Dann kommen Zweifel, ob Sie dieses oder jenes tun sollen, ob sich diese Investition lohnt, oder ob Sie mit einem Projekt überhaupt starten sollen.
Gedankenhygiene beginnt damit, Stopp zu sagen. Wir haben als einzige Spezies

auf diesem Planeten die Möglichkeit, unser Tun zu hinterfragen und zu reflektieren. Wenn Sie also wieder eine Entscheidung zu treffen haben, dann sagen Sie bewusst und laut Stopp und betrachten Sie die ganze Situation mal von außen. So als stünde ein Freund vor Ihnen, der Ihnen genau diese Geschichte gerade erzählt hat. Was würden Sie diesem Freund sagen? Wie würden Sie das Für und Wider begründen? So haben Sie die Möglichkeit, eine wichtige Entscheidung nicht emotional oder aus schlechter Erfahrung heraus zu treffen, sondern mit einem neutraleren Blick darauf. Blair Singer, einer meiner großen Lehrer, hat ein geniales Buch zu diesem Thema geschrieben: „Little Voice Mastery".

Was hat das mit Glücksmomenten zu tun? Ganz einfach. Wenn Sie in Ihrem oft stressigen Alltag eine Möglichkeit haben, Ihr Leben bewusst zu lenken und Pausen zu machen, wenn Sie sie brauchen, gut durchdachte Entscheidungen zu treffen und das Signal zu geben: „Das hast du richtig gut gemacht", dann kommt dieses wohlige Gefühl der tiefsten Zufriedenheit. Diese Glücksmomente sind sehr lang anhaltend, denn sie haben Einfluss auf Ihr weiteres Leben.

Ist Ihnen eine Stunde immer noch zu lang, dann fangen Sie doch mit einer Minute an. „Gibt es in diesem Moment eine Möglichkeit besser für mich zu sorgen?" Aus dem Buch „Eine Minute für mich" von Spencer Johnson.
Das Buch kann ich Ihnen wirklich sehr empfehlen.

# Perfektionismus sabotiert Glücksmomente

Um sympathisch rüberzukommen und beliebt zu sein, muss man nicht perfekt sein. Wir mögen doch Menschen nicht unbedingt, weil sie klüger sind als wir, weil sie reicher sind. Sympathische Menschen dürfen also durchaus auch Schwächen zeigen. Sie müssen authentisch sein, sich nicht verstellen. Wir lieben doch gerade Menschen auch wegen ihrer nicht ganz so perfekten Seiten, denn so werden sie nicht zum bedrohlichen Supermann, den alle fürchten, oder zum Übervater oder Superweib. Nein, seien Sie ganz einfach die Person, die Sie sind. Schauspieler entlarven sich mit der Zeit sowieso von selbst.

Wenn von Glücksmomenten die Rede ist, denken viele an einen perfekten Moment voller Freude und Leidenschaft. Die gibt es bestimmt und wir finden so manchen in unserem Leben. Wollen wir aber Glücksmomente schaffen, dann steht uns der Perfektionismus mehr als im Weg. Oftmals verhindert er sogar einen Glücksmoment.

Angenommen Sie planen ein tolles Abendessen, das Sie selbst zubereiten. Sie haben alles eingekauft, die Töpfe stehen auf dem Herd und es riecht köstlich. Extra für diesen Abend haben Sie neue Tischdeko eingekauft, damit eben alles perfekt ist. Sie öffnen die Tüte und stellen mit Erschrecken fest, dass da nicht die Sachen drin sind, die Sie gekauft haben.

Ärger macht sich breit. Erst auf die Verkäuferin, die Kundin vor Ihnen und schließlich auf sich selbst, weil Sie nicht noch mal kontrolliert haben. Das ganze Essen ist am Kippen. Sie können die Speisen nicht so präsentieren wie Sie wollen, es sieht überhaupt nicht stimmig aus, die Servietten passen zu gar nichts und überhaupt ist das doch schon wieder alles Mist.

Vermutlich kennen Sie nicht diese, aber eine ähnliche Situation und können das gerade sehr gut nachfühlen. Was ist zu tun? Klar ist: Bleiben Sie in dieser Gefühlslage stecken, ist der Abend ruiniert. Jetzt wird sich zeigen, wie gut Ihr Improvisationsmuskel trainiert ist. Mit einem Blick auf die Uhr stellen Sie fest, es bleibt keine Zeit mehr, noch was anderes zu besorgen. Als allererstes nehmen Sie den Stress raus.
Dann los: entweder die Deko komplett kunterbunt, dass es schon wieder gewollt aussieht, oder wie wäre es mit einem Picknick im Wohnzimmer? Lassen Sie sich was einfallen, auf keinen Fall bleiben Sie bei Ihrer miesen Laune.
Übrigens gilt dieses Beispiel auch für Männer, die gerne eine Frau beeindrucken möchten.

Das Schöne an solchen unvorhergesehenen Momenten ist – sie bleiben am längsten im Gedächtnis. Darüber reden Sie noch Jahre später und können sich köstlich amüsieren. Trainieren Sie Ihren Improvisationsmuskel, das hilft auch in anderen Situationen ungemein. Dann steht dem Glücksmoment nichts mehr im Weg.

*Warte nicht auf den perfekten Moment, nimm ihn dir einfach und mach ihn perfekt.*
Unbekannter Autor.

# Veränderungen

Glücksmomente kann man sich auch dauerhafter gestalten. Veränderungen im Äußeren schaffen Zufriedenheit im Inneren. Wie sieht es mit einer Veränderung in der Wohnung oder dem Haus aus? Ein bisschen Farbe hier, ein neues Bild da. Oder vielleicht das komplette Zimmer umstellen und neu gestalten. Da freut man sich jedes Mal, wenn man den Raum betritt. Das gute Gefühl der neuen Gemütlichkeit.

Ausmisten ist auch eine gute Gelegenheit alten Ballast loszuwerden und Platz für Neues zu machen. Dinge, die Sie nicht glücklich machen, können ohne schlechtes Gewissen entsorgt werden. Kleidungsstücke, Bücher, Postkarten oder was sich sonst so über die Jahre angesammelt hat, aber nur Stauraum wegnimmt. Reservieren Sie sich doch ein Wochenende dafür. Gehen Sie Ihre Schränke durch, am besten mit System. Oder machen Sie pro Tag nur ein Zimmer.
Das Gegenteil von Ausmisten ist Einsortieren. Ganz wichtig, erst ausmisten, dann einräumen. Der Stapel im Ablagefach wird immer höher und die Lust, ihn wegzuräumen immer kleiner. Wer kennt das nicht? Stellen Sie sich das Gefühl vor, wenn dieser Kasten leer ist und Sie sich zurücklehnen können. Ist diese Zufriedenheit und Gewissheit, dass alles an seinem Platz ist, nicht genial? Ich weiß aus eigener Erfahrung, dass es Überwindung kostet, anzufangen. Bin ich dann aber erst mal dabei und sehe meine Fortschritte, kommt durchaus auch der Spaßfaktor dazu.

Die längst fällige Reparatur des tropfenden Wasserhahns, der quietschenden Schranktür oder der kaputten Glühbirne. Alles Dinge, um die wir uns gerne drücken, die uns aber jedes Mal ärgern, wenn wir die Dinge gebrauchen wollen.
Gehen Sie es an in dem Wissen, wie gut Sie sich anschließend fühlen werden. Dann ist es kein Muss, sondern ein Wollen und geht viel leichter von der Hand.

Holen Sie sich Ihren Glücksmoment, nicht alle gibt es umsonst.

# Sie haben schon so vieles erreicht!

Uns ist gar nicht bewusst, wie viele Erfolge es schon in unserem Leben gab. Gerade deshalb ist es so wichtig uns daran zu erinnern.

Wir können das in Form von Pokalen und Urkunden tun. Sie erinnern uns täglich daran, worin wir gut sind. Auch ein Doktortitel wird für herausragende Leistungen vergeben, meistens zumindest. Wir haben Orden oder Ehrennadeln, die wir uns ans Revers stecken. Alles Zeichen dafür, dass wir etwas erreicht haben. Im Augenblick der Verleihung war das ein richtig großer Glücksmoment.

Wann haben Sie das letzte Mal eine Bestandsaufnahme Ihrer Erfolge und Errungenschaften gemacht? Was haben Sie schon alles erreicht im Leben, was ist so richtig gut gelungen? Eine tolle Partnerschaft, Kinder, ein wachsendes Unternehmen, Haus, Auto, Karriere, Beziehungen, Freundschaften, Reisen usw. Da gibt es sicher noch viel hinzuzufügen.
Nehmen Sie sich einen Augenblick Zeit und lassen Ihr Leben Revue passieren. Wo sind die Meilensteine? Welche Dinge haben Ihr Leben total verändert und ihm eine neue Richtung gegeben? Schreiben Sie sich die Dinge auf, es sind Ihre ganz persönlichen Verdienste. Wie das Wort schon sagt, Sie haben es sich verdient.

Dann überlegen Sie, wie Ihr Leben ohne diese Dinge wäre. Wären Sie nicht genau danach auf der Suche? Was ist es, was das Leben für Sie lebenswert macht. Manches haben Sie sich hart erkämpfen müssen, anderes kam wie durch Hexerei. Das Zauberwort heißt Dankbarkeit. Mit Dankbarkeit erkennen Sie Ihre Leistungen an und geben ihnen den gebührenden Rahmen.

Machen Sie diese Liste, fühlen Sie noch einmal, wie es war, als dieses oder jenes in Ihr Leben trat. Wie war das, als Sie wußten, Ihre Firma ist auf einem erfolgreichen Weg? Als Ihr Herz Sprünge gemacht hat beim ersten Date? Das Gefühl, es geschafft zu haben?

Da ist er schon, der Glücksmoment. Unser Gehirn unterscheidet nicht, ob wir das gerade erleben oder schon erlebt haben. Es registriert nur, dass Glückshormone durch unseren Körper wandern, und das genügt schon.

Wir sind von Natur aus auf das Negative programmiert. Schließlich hat uns in der Steinzeit nicht der Glücksfaktor das Leben gerettet. Es waren die Erfahrungen, wo Gefahren lauern, welche Nahrungsmittel schlecht sind, und was uns sonst noch das Leben kosten könnte. Kein Wunder, dass das heute nicht anders ist.

In der Beziehung zu anderen, egal ob Kinder, Angehörige, Kollegen, Geschäftspartner, springen uns negative Dinge viel schneller ins Auge und bleiben auch länger im Gedächtnis. Vor allem in der Beziehung mit unseren Kindern oder dem Partner fällt oft auf, dass wir aufzählen, was nicht funktioniert hat. Dabei gibt es sicher genauso viele Dinge oder sogar mehr, die funktioniert haben. Wenn wir uns darauf konzentrieren, dann sehen wir den anderen in einem ganz neuen Licht.

Genauso ist es auch, wenn wir über uns nachdenken. Wie oft kommen Ihnen Gedanken: Das muss ich noch machen. Das habe ich auch noch auf meiner Liste und dazu bin ich auch noch nicht gekommen. Wenn ich dieses Buch noch lese oder diesen Kurs mache, dann läuft es besser. Stress pur.

Sich zurücklehnen und sich über das bereits Erreichte freuen, das gibt Ihnen das Gefühl der Wertschätzung sich selbst gegenüber. Hilfreich ist dabei auch, jemanden zu fragen. Suchen Sie sich zwei Personen in Ihrem Umfeld, denen Sie vertrauen, und die Sie gut kennen.

Fragen Sie diese Personen, was sie an Ihnen schätzen und gut finden. Sie werden überrascht sein, wie andere Menschen Sie sehen. Was in Ihrem Handeln für Sie selbstverständlich ist, ist es für andere nicht. Lassen Sie es sich schriftlich geben. So haben Sie immer wieder die Möglichkeit, an etwas schwierigen Tagen diese Liste als Unterstützung durchzulesen. Machen Sie den Test und holen Sie sich Ihre ganz persönlichen Glücksmomente wieder ins Gedächtnis.

# Kennen Sie den S-Faktor?

Nein? Dann wird's aber Zeit. Sobald das hier aufgelöst ist, wissen Sie, worum es geht: Sympathie – kommt aus dem Altgriechischen und setzt sich aus zwei Grundbedeutungen zusammen: Sym bedeutet so viel wie zusammen und gemeinsam und das Pathos steht für Leidenschaft und Begeisterung. Beides zusammen heißt nichts anderes, als sich gemeinsam für eine Sache zu begeistern.

Warum sind uns Menschen sympathisch, und warum mögen wir sie? Psychologen haben dazu sieben Punkte herausgefunden:

Menschen sind uns ähnlich – im Äußeren (Frisur oder Kleidung) und innerlich (zum Beispiel im Denken).
Menschen haben ähnliche Ansichten sowie Abneigungen oder Vorlieben wie wir selbst sie auch haben.
Wir finden an anderen Personen bestimmte Eigenschaften gut sowie auch bestimmte Kompetenzen.
Wir mögen Menschen gerne, die unsere Bedürfnisse erfüllen können, und denen wir ihre befriedigen.
Man möchte gerne einschätzen können, woran man bei dem anderen ist, was übrigens dann eine vertrauensvolle Basis herstellt.

Wir mögen schließlich Menschen, die uns in irgendeiner Weise nahe sind durch Zuneigung, Liebe, Träumerei – kurzum, denen wir vertrauen.
Und schließlich finden wir die Menschen sympathisch, die auch uns mögen.

Hier finden wir die leisen Glücksmomente. Denn mit Menschen, die uns sympathisch sind, fühlen wir uns wohl. Die Stresshormone weichen den Entspannungshormonen.

(S-Faktor = Sympathie-Faktor)

# Magic Moments

Was verstehen wir denn unter magisch? Im Duden steht als Synonym rätselhaft, übernatürlich, zauberisch. In Filmen treffen wir immer wieder auf die großen Magier. Gandalf der Weiße aus „Herr der Ringe", Miraculix aus „Asterix" oder Merlin aus den Sagen um König Artus. Was haben sie gemeinsam außer lange, weiße Bärte und ein fortgeschrittenes Alter? Sie stehen für das Gute und wollen alles zum Besten wenden.

So stehen Magic Moments für die guten Momente im Leben, zauberhafte Momente. Und um was geht es dabei? Es geht um ein Glücksgefühl, um Liebe für sich selbst oder einen anderen Menschen. Es geht um Momente, für die wir keine Fotos brauchen, um uns daran zu erinnern.

Es kann das zufällige Zusammentreffen zweier Menschen sein, die anschließend gemeinsam durchs Leben gehen, oder die Geburt eines Kindes. Es kann einen Wendepunkt bedeuten, der einem ein ganz neues Leben ermöglicht. Es kann der Sonnenuntergang oder der Wasserfall sein. Es geht immer um das Gefühl und das Staunen, dass so etwas möglich ist.

Warum ich dieses Kapitel bei den Glücksmomenten aufnehme? Weil ich der Meinung bin, dass es bei diesen Magic Moments nicht um die großen Ereignisse geht, sondern um große Gefühle. Um das Staunen mit dem Herzen, wenn da plötzlich so viel Liebe ist, dass ich gar nicht weiß wohin damit.

Diese Magic Moments kommen manchmal ohne Vorwarnung in unser Leben, Sie können diese Momente aber auch bewusst herbeiführen.

Wann war Ihr letztes romantisches Abendessen mit Ihrem Partner? Wann haben Sie das letzte Mal mit Ihren Kindern wirklich Zeit genossen? Wann mit den Eltern, der Freundin, Menschen, die Ihnen wichtig sind, schöne Stunden verbracht? Beziehungen fallen oft dem Alltag zum Opfer und werden nicht mehr so gepflegt wie zu Beginn.

Das hat nichts damit zu tun, dass uns diese Menschen nicht wichtig sind, oder dass wir sie nicht schätzen. Es hat mit den vielen Terminen, mit der Hektik und dem Stress im Alltag zu tun. Klar ist Stress oft selbst gemacht und ließe sich mit ein paar Taktiken durchaus reduzieren. Wir sind einfach in diesem Fahrwasser drin.

Da hilft nur eins: Sie müssen sich wieder verabreden, daten auf Neudeutsch. Sie finden es sehr befremdlich einen Termin mit Ihren Kindern, Ihrem Partner oder Eltern in den Kalender einzutragen? Da kann ich Ihnen sagen, etwas Besseres gibt es fast nicht. Der ganz große Vorteil von so einem Termin: Kein schlechtes Gewissen, weil Sie irgendwelche anderen Dinge genau in diesem Moment nicht erledigen können.

Für Ihre Kinder zum Beispiel ist es ein Zeichen von Liebe, wenn Sie mit ihnen Zeit ohne Zeitdruck gestalten. Auch hier gibt es einen Begriff aus dem Englischen: Quality Time. Für Kinder ist es so viel mehr wert, wenn Sie tatsächlich bewusst Zeit zum Spielen, Vorlesen, Basteln, Reparieren, Schwimmen oder zu sonstigen Aktivitäten haben. Vor allem auch ohne schlechtes Gewissen, ohne Telefon und Stress.

Wie sieht es mit dem Partner aus? Wie fühlen Sie sich, wenn Ihr/e Partner/in oft nur mit halbem Ohr bei der Sache ist? Sie das Gefühl haben, dass er/sie zwar physisch anwesend ist, aber mit den Gedanken ganz woanders. Das gibt der Zweisamkeit nicht viel Raum. Da heißt es diesmal nicht improvisieren, sondern planen.

Oft nimmt man sich vor, mehr miteinander zu unternehmen, der Alltag schlägt da nicht selten ein Schnippchen. Planen Sie deshalb ein paar Stunden, einen Abend oder wenn möglich ein ganzes Wochenende. Nehmen Sie den Termin im Kalender ernst wie einen wichtigen Geschäftstermin. Auch hier ist Quality Time das Stichwort.

Nach diesen Stunden zu zweit bedanken Sie sich bei Ihrer/m Partner/in. Das drückt noch einmal zusätzlich Ihre Wertschätzung dem anderen gegenüber aus. Am besten ist es, gleich den nächsten Termin festzulegen.

Das Gleiche gilt für andere Familienmitglieder oder Freunde. Wenn Sie es schaffen, das schlechte Gewissen erst gar nicht aufkommen zu lassen, haben Sie für sich eine Menge gewonnen. Es geht darum zu sagen, es war so schön. Wissen Sie, wir streben immer nach dem großen Glück, dabei funkeln viele kleine Diamanten viel mehr und häufiger als ein großer.

Kommen Sie weg von dem Anspruch, Sie müssen etwas Außergewöhnliches bieten. Klar ist es toll, zum Frühstück nach Paris zu fliegen, zwei Tage Disney World zu erleben oder ein Dinner von einem Sternekoch serviert zu bekommen. Aber seien Sie mal ehrlich, letztendlich geht es darum, mit einem Menschen, den wir sehr mögen, Zeit zu verbringen. Ich habe es an anderer Stelle schon geschrieben, Zeit ist das Wertvollste, was wir haben. Wir können sie nicht zurückholen und nicht kaufen. Werden Sie sich bewusst, dass sie sich gegenseitig kein größeres Geschenk machen können, als wirklich Zeit miteinander zu verbringen.

Aus dieser Quality Time entstehen Magic Moments und daraus Glücksmomente. Für beide Seiten. Ungezwungenheit ist eine Art von Freiheit. Genießen Sie sie.

# Wo sind die Glücksmomente versteckt?

Seien Sie tolerant. Zeigen Sie anderen, dass Ihre Meinung nicht das Nonplusultra ist. Wer andere Meinungen akzeptiert, gilt als weltoffen. Lachen Sie nicht über den Geschmack Ihrer Kollegen oder Nachbarn, und akzeptieren Sie, dass jeder Mensch ein Individuum ist und auch einen abweichenden Style haben darf. Hören Sie zu, was Ihr Gegenüber zu einem Thema zu sagen hat. Vielleicht können Sie ja auch noch etwas lernen. So schaffen Sie Glücksmomente vor allem für sich selbst, denn Toleranz entspannt.

Nehmen Sie sich Zeit und schenken Sie anderen Ihr Ohr. Was glauben Sie, wie dankbar Freunde, Nachbarn oder Arbeitskollegen sind, wenn Sie ihnen zuhören? Das kostet Sie kein Geld, sondern Zeit. Und Zeit ist die kostbarste Währung, die wir haben. Wir können vieles mit Geld kaufen, mehr Zeit gehört nicht dazu. Sie müssen nicht der Kummerkasten des Büros werden oder Mutter Teresa. Aber die Welt braucht Zuhörer.

Zeigen Sie ehrliches Interesse an Ihren Mitmenschen. Schluss mit Blabla. Fragen Sie Ihren Nachbarn, warum er so gut Englisch sprechen kann – damit zeigen Sie: Aha, ich habe das registriert und hake nach. Ich bin ehrlich daran interessiert, zu wissen, wie und wo er das gelernt hat, denn vielleicht brauche ich mal sein Wissen für eine Übersetzung. Vergessen Sie belanglosen Small Talk. Gehen Sie auf Ihre Gesprächspartner ein: „Entschuldigung, wo haben Sie die schicke Bluse gekauft? Die gefällt mir echt gut!" Sie machen ein Kompliment und zeigen Interesse. Das schafft Sympathie.

Begegnen Sie Menschen mit voller Aufmerksamkeit. Es ist unhöflich, weiter mit dem Handy zu telefonieren und dabei einem Gast die Hand zu schütteln. Während des Essens sollten Sie nicht auf Ihr Smartphone schauen. Hören Sie auf, am Computer zu arbeiten, wenn ein Kunde das Büro betritt – alles selbstverständlich, aber wir sind doch so oft von unserer schnelllebigen Zeit eingefangen. Betrachten Sie jeden Menschen mit Respekt. Mit der vollen Aufmerksamkeit zeigen Sie ihm Ihr ganzes Interesse. Er steht im Mittelpunkt Ihrer Aufmerksamkeit, das ist der erste Schritt für Glücksmomente.

Seien Sie immer Sie selbst. Warum? Weil authentische Menschen, auch wenn sie noch so schräg sein mögen, beliebt sind. Beliebt sein gibt ein saugutes Gefühl und da haben wir ihn: den Glücksmoment.
Wir leben nicht, um von allen geliebt zu werden. Entweder mag man uns, wie wir sind, mit Ecken und Kanten, oder nicht. Die Ehrlichen, die Sie mögen, sind Ihre Fans, weil Sie sich nicht verstellen. Gerade wegen Ihrer nicht perfekten Seite werden Sie geliebt.

Lösen Sie Konflikte, schlichten Sie Streitigkeiten. Unser Leben läuft nicht immer glatt und harmonisch. Es gibt Alltagskonflikte wie in jeder guten Beziehung. Wo Menschen zusammen sind, entstehen auch immer Reibereien. Gut zu wissen, dass jemand in der Gruppe ist, der ein Händchen dafür hat, zu schlichten. Solche Typen sucht man, weil es immer mal vorkommt, dass Streit entsteht. Sie wägen ab, suchen nach Lösungen, sodass keiner als Gewinner oder Verlierer zurückbleibt. Sie schaffen Glücksmomente für beide Seiten.

Und natürlich sammeln Sie auch Glücksmomente mit einem Lächeln, mit Aufmerksamkeit, Hilfsbereitschaft, Händeschütteln, Zurückhaltung, Kommunikation und vielem mehr. Und Sie sehen auch, dass Sie durchaus strategisch vorgehen können.

Sie wissen nun, was Sie tun können, um Glücksmomente zu finden und zu schaffen.

Lassen Sie sich nicht aufhalten von den Unwegsamkeiten des Alltags. Glücksmomente sind überall und warten nur darauf entdeckt zu werden.

Sie werden sehen, jeden Tag ein oder zwei Glücksmomente mehr, und das Leben zeigt sich von seiner schönsten Seite.

Ich danke Ihnen für Ihr Vertrauen, und dass Sie mir die Möglichkeit gegeben haben, Ihnen Wege zum Glück zu zeigen. Es hat mir große Freude gemacht, dieses Buch für Sie zu schreiben, und dadurch habe ich meinen ganz eigenen Glücksmoment geschaffen.

Zum einen habe ich ein Buch veröffentlicht, da bin ich sehr stolz drauf. Das Zweite ist aber der viel größere Glücksmoment: Dadurch, dass Sie diese Techniken anwenden, weiß ich, dass jeden Tag mehr Glücksmomente entdeckt werden, und dass sie sich wie ein Lauffeuer verbreiten. Somit trage ich im Leben von ganz vielen, mir unbekannten Menschen zu mehr positiven Gedanken und Glücksmomenten bei.

Danke dafür.

Ganz herzliche Grüße
Ihre Glückspertin

Birgit Westerbusch

Sie möchten diese Techniken gerne noch vertiefen? Dafür habe ich ein kostenloses 7-Tage-Progamm: „Ist Ihr KÖRPER bereit für das Glück?" geschaffen. Holen Sie sich Ihr „Happy Body – Happy Life – Gefühl" auf allen Ebenen. Sie haben es mehr als verdient.

Sie finden das Programm unter: **www.glückskörper.com**